AF362433

T. Lechalat, Grande-rue, N° 120.
à Paris-Vaugirard.

En vente
chez le même auteur

Le *Livret servant de guide à
l'Exposition annuelle des Plans-
reliefs des Places de guerre*, 1863;
vol. in-8° de 130 pages, avec carte gravée.
Broché 3 francs.

Ce volume contient une notice sur
l'origine et la formation de la Galerie
des Plans-reliefs des places de guerre; un
abrégé de l'histoire de la fortification,
avec une définition, par ordre alphabé-
tique, des principaux ouvrages de fortification; la description des plans exposés;
et l'historique militaire des places fortes.

# CATALOGUE

DES

# PLANS-RELIEFS

DES

# PLACES DE GUERRE

Paris. — Imp. A. Bosc, 8, rue Mayet.

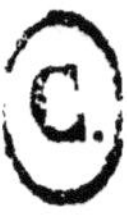

# CATALOGUE

## DES

# PLANS-RELIEFS

## DES

# PLACES DE GUERRE

pour l'Exposition annuelle.

PAR T. LECHALAT.

4

Tout exemplaire non revêtu
de la griffe de l'auteur sera réputé
contrefait; et tout contrefacteur
ou débitant de contrefaçons sera
poursuivi conformément aux
lois.

P. Pechaloz

5

# Avis.

La Galerie des Plans - reliefs des places de guerre est située à l'Hôtel impérial des Invalides, dans le pavillon de l'Ouest.

L'Exposition publique dure environ six semaines ; elle commence ordinairement en mai et finit en juin ; pendant sa durée, la Galerie est ouverte tous les jours de midi à 4 heures.

Les billets d'entrée à la Galerie sont délivrés pour quatre personnes, sur une demande adressée, soit à S. E. le Ministre de la Guerre, soit à M. le Général de Division, Sénateur, Directeur du Dépôt des Fortifications.

*Nota.* — On voit dans la bibliothèque de l'hôtel des Invalides le plan en relief de cet hôtel, qui a été exécuté par les artistes de la Galerie, sous la direction de M. le Conservateur Bonnet.

Il existe au Conservatoire des Arts et Métiers une carte en relief des environs de Metz, très-remarquable; elle a été exécutée par un ancien professeur à l'école d'application de l'artillerie et du génie.

Il se trouve à la bibliothèque Impériale, au cabinet des cartes et plans, une collection de Cartes géographiques en relief, dont les principales représentent la France, le Simplon, la forêt Noire, etc.

Enfin, on voit au Louvre un musée des plans-reliefs des ports de France.

# Première Salle.

---

# Antibes.

---

Place forte française de la frontière de la Méditerranée et du département des Alpes-Maritimes; port de mer; popul. 6,500 habitants.

---

Plan-relief à l'échelle du $\frac{1}{600^e}$ de 4.$^m$75 sur 3.$^m$58; construit en 1754 par Mézot.

Ce plan représente la place, sa citadelle et un fort détaché, d'après l'état des lieux en 1754.

---

# Première Salle.

---

# Bayonne.

---

Place forte française de la frontière des Pyrénées et du département des Basses Pyrénées; située sur l'Adour; popul. 19,000 habitants.

---

Plan-relief à l'échelle du $\frac{1}{600}$, de 8.<sup>m</sup> 50, sur 6.<sup>m</sup> 54; construit, en 1822, par les artistes de la Galerie.

Ce plan représente la place, la citadelle et plusieurs ouvrages détachés; il comprend la belle position militaire occupée par le duc de Dalmatie en 1813-1814; le tout suivant l'état des lieux en 1822.

# Première Salle.

---

# Briançon.

---

Place forte française de la frontière des Alpes et du département des Hautes-Alpes; située sur la Durance; pop. 1,600 habitants.

---

Plan-relief à l'échelle du $\frac{1}{600^e}$, de 7$^m$,90, sur 5$^m$,56; construit, en 1736, par Mézot.

Ce plan représente la ville avec les forts détachés qui la défendent, suivant l'état des lieux en 1736.

---

# Première salle.

---

## Le fort Chapus.

---

Poste militaire français de la frontière de l'Océan et du département de la Charente-inférieure. — Il sert à assurer la communication entre le hameau de Chapus et l'île d'Oléron.

---

Plan-relief à l'échelle du $\frac{1}{162^e}$, de 3$^m$,30, sur 0,$^m$70; construit en 1691, et restauré en 1827. Il représente le fort seulement selon l'état des lieux en 1691.

---

# Première Salle.

---

# Cherbourg.

---

Place forte française de la frontière de l'Océan et du département de la Manche, 1ᵉʳ arrondissement maritime; popul. 27,000 habitants.

---

Plan-relief à l'échelle du $\frac{1}{600^e}$, de 16ᵐ,91, sur 9ᵐ,46; construit en 1819, par les artistes de la Galerie. — Ce relief est en deux parties: la 1ᵉʳᵉ partie comprend la place et ses divers établissements, le fort de Querqueville et toutes les redoutes avancées du côté de terre; la 2ᵉ partie figure la digue et l'île Pelée. La digue est représentée suivant l'état des lieux en 1852.

# Première Salle.

---

# Embrun.

---

Place forte française dela frontière des Alpes et du département des
Hautes - Alpes; située sur la Durance;
pop. 5,000 habitants.

---

Plan - relief à l'échelle du $\frac{1}{600}$, de
$3^m.43$, sur $3^m.37$; construit en 1710.

Ce plan représente la place et ses
environs; d'après l'état des lieux
en 1710.

---

# Première Salle.

## Fort-les-Bains.

Poste militaire français de la frontière des Pyrénées et du département des Pyrénées-Orientales. — Le village de ce nom contient 1,800 habitants.

Plan-relief à l'échelle du $\frac{1}{600}$, de $1^{m}.58$, sur $1^{m}.10$; construit en 1691.

Ce plan représente le fort seulement, selon l'état des lieux en 1691.

# Première Salle.

---

# Le fort La-Garde.

Poste militaire français de la frontière des Pyrénées. Il appartient à Pratz-de-Mollo, dans le département des Pyrénées-Orientales; pop. de Pratz-de-Mollo 4,000 habitants.

---

Plan-relief à l'échelle du $\frac{1}{600^e}$, de 1<sup>m</sup>.67, sur 1<sup>m</sup>.04; construit en 1691.

Ce plan représente le fort seulement, suivant l'état des lieux en 1691.

---

# Première Salle.

# Marsal.

Place forte française de la frontière du Nord-Est et du département de la Meurthe ; située sur la Seille ; pop. 1,300 habitants.

Plan-relief à l'échelle du $\frac{1}{600}$, de 7<sup>m</sup> 63, sur 4<sup>m</sup> 86 ; construit en 1839 par les artistes de la Galerie, sous la direction de M. Bonnet, et complété en 1860 sous celle de M. Augoyat.

La place y est représentée avec ses ouvrages extérieurs, d'après l'état des lieux en 1860.

# Première Salle.

---

# Metz.

---

Place forte française de la frontière du Nord-Est et du département de la Moselle; située sur la rivière de ce nom; popul. 44,000 habitants.

---

Plan-relief à l'échelle du $\frac{1}{600}$, de 9ᵐ20, sur 7ᵐ51; construit, en 1825, par les artistes de la Galerie, sous la direction de M. Bonnet; la cathédrale est l'œuvre de M. Boitard père. — Ce relief comprend la place et ses ouvrages détachés, suivant l'état des lieux en 1825.

---

# Première Salle.

# Mont-Dauphin.

Place forte française de la frontière des Alpes et du département des Hautes-Alpes ; située sur le Guil ; populat. 400 habitants.

Plan-relief à l'échelle du $\frac{1}{600^e}$, de $3^m,42$, sur $2^m,90$ ; construit en 1709.

Ce plan représente la place et ses environs, d'après l'état des lieux en 1709.

# Première Salle.

# Perpignan.

Place forte française de la frontière des Pyrénées et du département des Pyrénées-Orientales ; située sur la Tet ; pop. 18,000 habitants.

---

Plan-relief à l'échelle du $\frac{1}{600}$e de 4m 86, sur 4m 64 ; construit en 1701.

Il comprend la place, la citadelle et le terrain environnant, d'après l'état des lieux en 1701.

---

# Première Salle.

# Saint-Tropez.

Poste militaire français de la frontière de la Méditerranée et du département du Var; port de mer; popul. 3,200 habitants.

Plan-relief à l'échelle du $\frac{1}{600^e}$, de 1<sup>m</sup>55 sur 1<sup>m</sup>37; construit en 1716.

Il contient la ville et la citadelle suivant l'état des lieux en 1716.

# Sedan.

Place forte française de la frontière du Nord-Est et du département des Ardennes ; située sur la Meuse ; pop. 13,000 habitants.

Plan-relief à l'échelle du $\frac{1}{600}$e, de 5$^m$ 85, sur 4$^m$ 65, construit en 1841, et complété en 1853.

Ce plan représente la place, son château fortifié et les environs, le tout d'après l'état des lieux en 1853.

# Première Salle.

# Strasbourg.

Place forte française de la frontière du Rhin et du département du Bas-Rhin ; située sur l'Ill ; popul. 54,000 habitants.

Plan-relief à l'échelle du $\frac{1}{600^e}$, de $10^m,90$, sur $6^m,64$ ; construit, en 1836, par les artistes de la Galerie, sous la direction de M. Bonnet ; la cathédrale est l'œuvre de M. Leymonnerye.

Ce relief représente la place, la citadelle, la Robertsau, le cours du Rhin, les ouvrages avancés, le chemin de fer, etc.

# Première Salle.

# Toul.

Place forte française de la frontière du Nord-Est et du Département de la Meurthe; située sur la Moselle; pop. 6,000 habitants.

Plan-relief à l'échelle du $\frac{1}{600}$, de 6ᵐ 66, sur 5ᵐ 83; construit, en 1861, par les artistes de la Galerie, sous la direction de M. Augoyat; la cathédrale est l'œuvre de M. Edouard Boitard.

Ce plan comprend la place et ses environs, avec le chemin de fer de l'Est et le canal de la Marne au Rhin.

# Première Salle.

# Toulon.

Place forte française de la frontière de la Méditerranée et du département du Var ; 5ᵉ arrondissement maritime ; pop. 42,000 habitants.

Plan-relief à l'échelle du $\frac{1}{600^e}$, de 6ᵐ 60, sur 4ᵐ 26 ; construit en 1800.

Il comprend la place, le port, les bassins, une partie des rades, quelques forts détachés et le camp retranché de Sainte-Anne, le tout suivant l'état des lieux en 1800.

# Première Salle.

---

# Verdun.

---

Place forte française de la frontière du Nord-Est et du département de la Meuse ; située sur la rivière de ce nom ; pop. 10,000 habitants.

---

Plan-relief à l'échelle du $\frac{1}{600^e}$, de 7$^m$50, sur 7$^m$00 ; construit, en 1856, par les artistes de la Galerie, sous la direction de M. Augoyat.

Ce plan représente la place, la citadelle et les environs ; le tout suivant l'état des lieux en 1856.

---

# Première Salle.

# Villefranche.

Place forte française de la frontière des Pyrénées et du département des Pyrénées-Orientales ; située sur la Tet ; pop. 1,000 habitants.

Plan-relief à l'échelle du $\frac{1}{600^e}$ de 4<sup>m</sup>,37, sur 3<sup>m</sup>,55, construit en 1701.

Il représente la place et les environs avec un fort détaché ; le tout d'après l'état des lieux en 1701.

# Deuxième Salle.

# Le Siège de la citadelle d'Anvers.
## (Belgique).

Place forte située sur l'Escaut, près la mer du Nord ; pop. 62,000 habitants.

Plan-relief à l'échelle du $\frac{1}{600}$ de $4^m,20$, sur $2^m,80$, construit en 1834, par les artistes de la Galerie, sous la direction de M. Bonnet.

Il représente, avec des effets très-pittoresques, tous les bâtiments en destruction, la fortification et les travaux d'attaque et de défense.

# Deuxième Salle.

# Brest.

Place forte française de la frontière de l'Océan et du Département du Finistère; 2ᵉ arrondissement maritime; pop. 42,000 habitants.

Plan-relief à l'échelle du $\frac{1}{600}$ de 16ᵐ45, sur 7ᵐ93: construit, en 1811, par les artistes de la Galerie, sous la direction de M. Bonnet.

Ce plan comprend la place, le château fortifié, le port, la rade et les forts qui défendent l'entrée du Goulet; le tout d'après l'état des lieux en 1811.

# Deuxième Salle.

## Le fort l'Ecluse (1er plan).

Poste militaire français de la frontière des Alpes et du département de l'Ain; situé sur la rive droite du Rhône.

Relief à l'échelle du $\frac{1}{600^e}$, de 3$^m$,50, sur 2$^m$,55, comprenant une assez grande étendue des environs; construit, en 1841, par les artistes de la Galerie, sous la direction de M. André. — Ce plan représente le fort inférieur et celui supérieur; ce dernier, de construction récente, est élevé de 190$^m$ au-dessus du premier. La route de Genève à Lyon passe au travers du fort l'Ecluse.

## Deuxième Salle.

# Le fort l'Ecluse (2ᵉ plan).

Poste militaire français de la frontière des Alpes et du département de l'Ain; situé sur la rive droite du Rhône.

Relief à l'échelle du $\frac{1}{200}$, ne comprenant que ce poste seulement, de 2ᵐ 17 sur 0ᵐ 80; construit en 1844, par les artistes de la Galerie, sous la direction de M. Audé; le modelage est de M. Clément père et la décoration de M. Poitard père. — Ce plan est à pièces mobiles; on y remarque l'escalier souterrain de 1174 marches taillées dans le roc, faisant communiquer ensemble les deux forts inférieur et supérieur.

# Deuxième Salle.

# Grenoble.

Place forte française de la frontière des Alpes et du Département de l'Isère, située sur la rivière de ce nom; popul. 33,000 habitants.

Plan-relief à l'échelle du $\frac{1}{600^e}$, de $8^m20$, sur $7^m25$; construit, en 1848, par les artistes de la Galerie, sous la direction de M. Audé; les roches sont l'œuvre de M. Leymonnerye. — Ce plan comprend la place et la citadelle, ainsi que le terrain environnant; on y voit le cours du Drac à l'ouest, et au Nord le Mont-Rachais, à $840^m$, au-dessus de l'Isère.

# Deuxième Salle.

## Le château de Joux et le fort du Larmont.

Postes militaires français de la frontière du Jura et du département du Doubs; situés sur une montagne escarpée, près du Doubs et à 4 Kil. de Pontarlier.

Plan-relief à l'échelle du $\frac{1}{600^e}$, de 3ᵐ 48, sur 1ᵐ 78; le château de Joux a été exécuté en 1826 et le fort du Larmont a été ajouté au plan en 1853. L'ensemble de ce relief représente les deux forts situés en face l'un de l'autre.

## Deuxième Salle.

# Le Mont-Cenis.
## (Italie.)

Montagne des Alpes dans les anciens États Sardes, à 4 Kilom. de Lans-le-bourg.

Relief à l'échelle du $\frac{1}{5000}$, de 1ᵐ,55, sur 2ᵐ,29; construit en 1812, par M. le commandant Clerc, et restauré par les artistes de la Galerie en 1819.

Ce relief représente la montagne tout entière; on y a fait figurer une partie de la route de Lans-le-bourg à Suse, construite par les français sous le premier Empire.

# Deuxième Salle.

# Le Siége de Rome.
## (Italie.)

Rome est la métropole du culte catholique; elle est située sur le Tibre; sa population est de 180,000 habitants.

Relief construit en 1852 par les artistes de la Galerie, sous la direction de M. le conservateur Augoyat.

Il comprend le terrain des attaques, tout le Transtevère en la partie de la ville qui borde le Tibre, depuis le pont Sixte jusqu'au Mont-Aventin.

# Deuxième Salle.

---

# Le Simulacre

d'escalade et de Surprise, par un temps de neige, d'une ville fortifiée à l'antique.

---

Relief construit en 1805 par m. Boitard ainé.

---

C'est un fait d'armes militaire supposé.

---

# Troisième Salle (partie de droite).

## Arras.

Place forte française de la frontière du Nord et du département du Pas-de-Calais; située sur la Scarpe; pop. 26,000 habitants.

Plan-relief à l'échelle du $\frac{1}{600}$, de 7$^m$07 sur 4$^m$96; construit en 1716.

Il représente, d'après l'état des lieux de 1716, la place avec son réduit et des ouvrages détachés.

# Troisième Salle (partie de droite).

# Avesnes.

Place forte française de la frontière du Nord et du département du Nord; située sur l'Helpe-majeure; popul. 4200 habitants.

Plan-relief à l'échelle du $\frac{1}{680}$, de 7$^m$53, sur 5$^m$35; construit en 1826, par les artistes de la Galerie, sous la direction de M. Bonnet.

Ce plan comprend la place avec ses environs, suivant l'état des lieux en 1826.

## Troisième salle (partie de droite).

# Belfort.

Place forte française de la frontière du Rhin et du département du Haut-Rhin; située sur la Savoureuse; pop. 7,500 habitants.

Plan-relief à l'échelle du $\frac{1}{600}$, de 4$^m$,91 sur 4$^m$,27; construit par Gengembre en 1755, et restauré en 1825.

Il comprend, d'après l'état des lieux de 1825, la place, la citadelle et les ouvrages avancés.

# Troisième salle (partie de droite).

# Besançon.

Place forte française de la frontière du Jura et du département du Doubs; située sur la rive gauche de la rivière de ce nom; pop. 43,500 habitants.

Plan-relief à l'échelle du $\frac{1}{600}$, de 6$^m$21, sur 4$^m$30; construit en 1712.

Il représente la place et la citadelle, suivant l'état des lieux en 1712.

## Troisième salle (partie de droite).

# Bitche.

Place forte française de la frontière du Nord-Est et du Département de la Moselle; située au pied des Vosges; pop. 3,500 habitants.

Plan-relief à l'échelle du $\frac{1}{600^e}$, de 6$^m$,02, sur 5$^m$,00; construit, en 1822, par les artistes de la Galerie, sous la direction de M. Bonnet, et restauré et complété en 1853, sous celle de M. Augoyat.

Ce plan comprend, d'après l'état des lieux de 1853, la ville et le château.

## Troisième Salle (partie de droite).

# Fort-Barrault.

Place forte française de la frontière des Alpes et du département de l'Isère; située sur la rive droite de la rivière de ce nom; pop. 1,700 habitants.

Plan-relief à l'échelle du $\frac{1}{600}$, de $4^m,50$, sur $4^m,00$; construit en 1674.

Il représente, d'après l'état des lieux de 1674, le fort, le village et les environs.

# Troisième Salle (partie de droite).

## Le château d'If.

Poste militaire de la France, compris dans la frontière de la Méditerranée et dans le Département des Bouches-Du-Rhône; situé dans l'île d'If, à 3 Kilom. de Marseille.

Plan-relief à l'échelle du $\frac{1}{195}$, de 1<sup>m</sup> 55, sur 1<sup>m</sup> 36; construit en 1686.

Il comprend le château et le rocher sur lequel il est assis, d'après l'état des lieux en 1686.

# Troisième salle (partie de droite)

# Landrecies.

Place forte française de la frontière du Nord et du département du Nord; située sur la Sambre; popul. 3,500 habitants —.

Plan - relief à l'échelle du $\frac{1}{600^e}$, de $3^m,91$ sur $3^m,17$; construit en 1723.

Ce plan représente la place et la citadelle, d'après l'état des lieux de 1723.

# Troisième Salle (partie de droite).

# Laon.

Poste militaire français de la frontière du Nord et du département de l'Aisne, popul. 8,000 habitants.

Plan-relief à l'échelle du $\frac{1}{600^e}$, de 5,<sup>m</sup>25 sur 3<sup>m</sup>85 ; construit en 1858, par les artistes de la Galerie, sous la direction de M. le conservateur Augoyat ; la cathédrale est l'œuvre de M. Clément fils. — Il représente la place et la citadelle, située sur le plateau d'une montagne, d'après l'état des lieux en 1858.

# Troisième Salle (partie de droite).

# Le passage du pont de Lodi.
## (Italie.)

Lodi est une ville du nouveau royaume d'Italie, qui faisait partie, avant 1859, du royaume Lombard-Vénitien, située sur l'Adda; popul. 13,000 habitants.

Relief construit en 1805 par M. Boitard aîné.

Il représente le brillant fait d'armes exécuté, en 1796, par les français, sous le commandement du général Bonaparte.

# Troisième Salle (partie de droite).

# Maubeuge.

Place forte française de la frontière et du département du Nord ; située sur la Sambre ; pop. 4000 habit.

Plan-relief à l'échelle du $\frac{1}{600^e}$, de 5$^m$,61, sur 5$^m$,23 ; construit en 1830, par les artistes de la Galerie, sous la direction de M. Bonnet. — Ce plan comprend la place et un camp retranché, selon l'état des lieux de 1830.

# Troisième Salle (partie de droite).

# Neufbrisach.

Place forte française de la frontière du Rhin et du département du Haut-Rhin, située sur la rive gauche du fleuve de ce nom, pop. 2,000 habitants.

Plan-relief à l'échelle du $\frac{1}{600e}$, de 4<sup>m</sup> 50, sur 3<sup>m</sup> 50 ; construit en 1706.

Il représente la place seulement, d'après l'état des lieux en 1706.

# Troisième salle (partie de droite).

# Rocroi.

Place forte française ; frontière du Nord-Est, département des Ardennes, située sur un plateau; pop. 1,100 habitants.

Plan - relief à l'échelle du $\frac{1}{600}$, de 4$^m$ 30, sur 3$^m$ 60; construit en 1701.

Ce relief représente la place et ses environs, suivant l'état des lieux de 1701.

4

Troisième Salle (partie de droite).

# Le fort Saint-Nicolas,
## (à Marseille.)

Poste militaire de la France, compris dans la frontière de la Méditerranée et dans le département des Bouches-du-Rhône. — Il défend l'entrée du port et commande la ville de Marseille, qui renferme 185,000 habit.

Plan-relief à l'échelle du $\frac{1}{183^e}$, de 1<sup>m</sup>,42, sur 1<sup>m</sup>,30 ; construit en 1684.

Il représente le fort et le rocher sur lequel il est assis.

Troisième Salle (partie de droite).

# Le Simulacre d'assaut d'une ville fortifiée à la moderne.

Relief construit en 1805 par M. Boitard aîné.

C'est un fait d'armes militaire supposé.

# Troisième Salle (partie de droite).

## La Suisse.

Carte en relief à l'échelle du $\frac{1}{29,673}$, pour les distances horizontales, et à l'échelle du $\frac{1}{16,425}$, pour les Dimensions verticales; De 7$^m$84, sur 6$^m$15; modelée en carton pâte, en 1822 par M. Léonard Gaudin, membre de la Société des Beaux-Arts de Genève, et restaurée à la Galerie en 1835.

Voir les deux tableaux explicatifs de cette carte, lesquels sont appliqués contre le mur.

# Troisième Salle (partie de gauche).

## Aire.

Place forte française de la frontière du Nord et du Département du Pas-de-Calais; située sur la Lys; pop. 5,000 habitants.

Plan-relief à l'échelle du $\frac{1}{600}$, de 5ᵐ,90 sur 4ᵐ,67; construit en 1745; représentant la place et les environs.

Troisième Salle (partie de gauche).

# Belle-île.

Place forte française de la frontière de l'Océan et du département du Morbihan ; située dans l'Océan ; pop. 10,000 habitants.

Plan-relief à l'échelle du $\frac{1}{600}$, de $2^m 50$ sur $2^m 38$ ; construit en 1704.

Ce plan représente la ville de Palais et la citadelle, d'après l'état des lieux en 1704.

# Troisième Salle (partie de gauche).

# Calais.

Place forte française de la frontière du Nord et du département du Pas-de-Calais; située sur la Manche; pop. 11,000 habitants.

Plan-relief à l'échelle du $\frac{1}{600}$, de 7<sup>m</sup>53, sur 4<sup>m</sup>63; construit en 1691, et restauré en 1833.

Ce plan représente la place avec sa citadelle, le fort Nieulay et le bassin des bateaux à vapeur; la basse ville s'y trouve aussi représentée.

Troisième Salle (partie de gauche).

# Le fort de la Conchée.

Poste militaire français de la frontière de l'Océan et du département d'Ille-et-Vilaine, situé dans l'île de ce nom. — Manche.

Plan-relief à l'échelle du $\frac{1}{72}$, de $2^m05$, sur $1^m75$, construit en 1700. Ce plan représente le fort et le rocher sur lequel il est construit.

# Troisième Salle (partie de gauche).

# Constantine.
## (Algérie.)

Deux plans-reliefs :

Celui de la place à l'échelle du $\frac{1}{200}$, construit en liége, sur les lieux, par MM. Duclaux et Abadie.

Il représente le rocher sur lequel la ville est située, les berges du Rummel, les cascades que forme la rivière. La ville n'y figure qu'en partie par suite de la mort de M. Duclaux, qui laissa ainsi son œuvre inachevée.

Le 2ᵉ relief, modelé en plâtre par M. Lupier, représente le front d'attaque de la place.

# Troisième Salle (partie de gauche).

# Douai.

Place forte française de la frontière et du département du Nord; située sur la Scarpe; pop. 23,000 habitants.

Plan-relief à l'échelle du $\frac{1}{600^e}$, de 8$^m$,34, sur 5$^m$,19; construit en 1711.

Il comprend la place et ses environs, ainsi que le fort de Scarpe et d'autres ouvrages détachés; le tout d'après l'état des lieux en 1711.

## Troisième salle (partie de gauche).

# Gravelines.

Place forte française de la frontière et du département du Nord; située sur l'Aa, pop. 6,000 habitants.

Plan-relief à l'échelle du $\frac{1}{600}$, de 4$^m$60, sur 3$^m$73; construit en 1699.

Ce plan représente la place, avec son réduit et le terrain environnant, d'après l'état des lieux de 1699.

# Troisième Salle (partie de gauche).

# Les îles de Lérins.

Position militaire. — Un fort est construit dans celle des deux îles qui porte le nom de Sainte-Marguerite ; l'autre île, la plus petite, s'appelle Saint-Honorat ; elles sont séparées par un canal. Frontière de la Méditerranée ; département des Alpes-Maritimes.

Plan-relief à l'échelle du $\frac{1}{1,200}$, de 1$^{m}$60, sur 1$^{m}$40 ; construit en 1728. Il représente les deux îles tout entières.

# Troisième Salle (partie de gauche).

# Le Mont-Saint-Michel.

Poste militaire de la France; frontière de l'Océan, département de la Manche; pop. du village 300 hab.

Plan-relief à l'échelle du $\frac{1}{131^e}$, de $2^m23$, sur $1^m60$; construit en 1701.

Il représente le château et le village.

# Troisième Salle (partie de gauche).

## La forteresse du Mont-Valérien.

Place forte française comprise dans la série des places de la frontière du Nord, elle est située dans le département de la Seine, près du village de Suresnes, à 11 Kil. de Paris, sur le plateau appelé Calvaire (rive gauche de la Seine).

Plan-relief à l'échelle du $\frac{1}{500}$, de $2^m 26$, sur $2^m 15$; construit, en 1844, par les artistes de la Galerie.

Ce relief est construit à pièces mobiles.

# Troisième Salle (partie de gauche).

## L'île de la Réunion.

C'est une colonie française, dont le chef-lieu est Saint-Denis (île d'Afrique dans l'Océan Indien); sa population est de 113,000 habitants, dont 70,000 'étaient esclaves autrefois.

Carte en relief à l'échelle du $\frac{1}{130,000}$ exécutée sur les lieux en 1853 par M. Maillard, et peinte ensuite dans les ateliers de la Galerie. — Elle représente l'île entière, avec ses plateaux, ses vallées, etc. — Elle est suspendue le long du mur.

# Troisième salle (partie de gauche).

# Saint-Omer.

Place forte française; frontière du Nord, département du Pas-de-Calais; située sur l'Aa; pop. 19,000 habit.

Plan-relief à l'échelle du $\frac{1}{600}$; de 10$^m$,65, sur 5$^m$,74; construit par Gengembre en 1758.

Il comprend la place, la citadelle, les cours d'eau, les forts détachés, un camp retranché, etc.; le tout d'après l'état des lieux en 1758.

# Troisième Salle (partie de gauche).

## Le Simulacre
de passage de vive force d'un pont.

Relief construit en 1805 par M. Boitard ainé.

C'est un fait d'armes militaire supposé.

# Quatrième Salle.

# Le Défilé
## des troupes de l'armée d'Orient.

—

Relief à l'échelle d'environ $0^m,012$ pour $1^m,00$, de $2^m,60$ de longueur sur $1^m,30$ de largeur, construit par M. Foulley, ancien militaire de l'Empire, qui en a fait hommage à Sa Majesté l'Empereur Napoléon III.

Ce relief représente le défilé, sur la place Vendôme, des premières troupes de l'armée d'Orient rentrant à Paris, le 29 décembre 1856.

## Quatrième Salle.

---

# L'Hôtel de ville de Paris.

---

Plan-relief à l'échelle d'environ $0^{m},012$ pour $1^{m},00$; de $2^{m},47$ de longueur, sur $1^{m},92$ de largeur; construit par M. Foulley, ancien militaire de l'Empire, qui en a fait hommage à S. M. I. Napoléon III.

Il représente l'arrivée du Duc d'Orléans à l'hôtel de ville, le 31 juillet 1830.

---

# Quatrième Salle.

# La défense de Mazagran.
## (Algérie.)

Relief à l'échelle d'environ 0,$^m$012 pour 1,$^m$00 ; de 1,$^m$75, sur 1,$^m$66 ; construit par M. Foulley, ancien militaire de l'Empire, qui en a fait hommage à S. M. l'Empereur Napoléon III.

Il représente la Défense de Mazagran par 123 braves français, contre une nuée d'arabes, les 3, 4 et 5 février 1840.

# Quatrième Salle.

## Le fort Médoc.

Poste militaire français de la frontière de l'Océan et du département de la Gironde. Il est situé vis-à-vis d'un îlot de la Gironde appelé le *pâté de Blaye*.

Plan-relief construit en 1703 et restauré en 1771.

Il représente le fort et ses environs, d'après l'état des lieux en 1771.

# Quatrième Salle.

# Vue des ruines de Saragosse.
### (Espagne.)

Relief de 0.<sup>m</sup> 85 de longueur, sur 0.<sup>m</sup> 43 de largeur.

Il représente l'état des lieux après le siège de cette ville (attaque de droite) en juin 1809.

## Fin.

T. Lechalas, grande-rue, 120, à Paris-Vaugirard.

———

— On trouve chez le même auteur le Livret servant de guide à l'Exposition annuelle des Plans-reliefs des Places de guerre, 1863; un vol. in-8°, avec carte gravée. Prix 3 francs, broché.

———